L'ANNIVERSAIRE

D'UN

BEAU JOUR,

A PROPOS MÊLÉ DE VAUDEVILLES,

A L'OCCASION

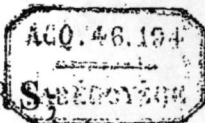

DU DOUZE MARS,

Par M. C. X. BOUGLÉ FILS.

Représenté sur le Grand-Théâtre de Bordeaux,
le 12 Mars 1823.

A BORDEAUX,

CHEZ LAVIGNE JEUNE, IMPRIMEUR DU ROI, DE S. A. R.
MGR. LE DUC D'ANGOULÊME ET DE LA PRÉFECTURE.

(AVRIL 1823).

PERSONNAGES.

M. SINISTRE...................... M. *Sainti.*

LUCIE, sa fille.................... *Mlle. Foulquier.*

Madame SIMON, riche fermière. *Mad. Laborie.*

ADOLPHE, garde national, son } *M. Fédé.*
fils, amant de Lucie............ }

L'ESPÉRANCE, soldat de la }
garde royale, décoré, âgé de } *M. Leclère.*
4o ans, neveu de M. Sinistre.. }

PIERRE, paysan.................... *M. Huchet.*

Paysans et Paysannes.

La scène se passe dans un village à une demi-lieue de Bordeaux.

L'ANNIVERSAIRE

D'UN BEAU JOUR,

A PROPOS MÊLÉ DE VAUDEVILLES.

Le théâtre représente une place de village. A droite et à gauche sont deux petites maisons bourgeoises. Dans le fond, l'on voit la campagne. Au lever du rideau, des paysans paraissent occupés des préparatifs d'une fête ; ils dressent des tables. Des jeunes filles arrangent des guirlandes de fleurs.

SCÈNE PREMIÈRE.

PIERRE, Paysans et Paysannes.

Chœur.

AIR : *Gai, gai, mariez-vous.*

Gai, gai, travaillons tous !
  A l'ouvrage,
  Du courage.
Gai, gai, travaillons-tous !
Un tel travail est bien doux.

PIERRE.

Je n'pourrais pas, jarnigois !
Tant travailler tout l'année ;
Mais un'si belle journée,
Ça ne se voit pas deux fois.

Chœur.

Gai, gai , etc.

PIERRE.

Après l'travail , mes enfans,
Nous boirons à d'ANGOULÊME,
Et si l'on boit comme on l'aime ,
Bientôt nous s'rons tous dedans .

Chœur.

Gai, gai, travaillons tous!
A l'ouvrage,
Du courage.
Gai, gai, travaillons tous!
Un tel travail est bien doux.

PIERRE.

Allons, allons, dépêchons.... bon ! le mât de cocagne est placé...... Là les inluminations.... ici on
doit mettre l'feu d'artifice..... et v'là la salle du bal
ben balayée.

SCÈNE II.

Les précédens , M. SINISTRE.

M. SINISTRE *(à part)*.

Des préparatifs de fête..... des chants...... Ça va
mal.....

PIERRE (*sans voir M. Sinistre*).

Jarni, comme j'allons nous amuser !....

M. SINISTRE.

Oui..... amusez-vous..... chantez..... allez votre
train....

PIERRE.

Tiens! c'est vous, M'sieur Sinistre, r'gardez-donc,
ça s'rat'i pas beau?

M. Sinistre.

Pourvu qu'il n'arrive pas de malheurs.

Pierre.

Par exemple ! pourquoi voulez-vous qu'il y ait des malheurs , vous?

M. Sinistre.

Parce qu'il n'y a pas de fête sans cela..... Ce mât de cocagne , c'est sans doute pour qu'on se casse le col?

Pierre.

Bah ! laissez donc.

M. Sinistre.

Ces lampions..... peuvent mettre le feu aux maisons.... aussi , je sais bien que je n'illuminerai pas la mienne.

Pierre.

Ah ! v'là ce que c'est !

M. Sinistre.

Air ! *Ah ! ma mère.*

Mon cher, c'est une folie ;
Que peut-il en résulter ?
Les malheurs d'un incendie !
Il vaut mieux les éviter.
L'on ne doit pas compromettre
La maison de son voisin.
Illuminer sa fenêtre,
C'est d'un mauvais citoyen.

Pierre.

Parlez-moi d'ces sentimens-là.

Même air.

Certain'ment s'plaindre sans cesse,
Crier contr'l'gouvernement,
Etr'toujours dans la tristesse,
Lorsque chacun est content;
Répandr'partout l'épouvante,
En disant qu'ça n'va pas bien,
Et pleurer quand tout l'mond'chante,
Ah ! c'est d'un bon citoyen !

M'est avis qu'si vot'neveu, sti-là qu'est parti il y a long-temps pour la guerre, était ici dans ce moment, il serait ben des nôtres...... Ces anciens braves, ça l'est toujours.

M. SINISTRE.

C'est possible ; mais le pauvre diable, je n'en ai pas eu de nouvelles depuis plus de quinze ans.... Il est sans doute mort.....

PIERRE.

Ça vous arrangerait ben tout d'même ; car c'te maison ousque vous demeurez, c'est à lui, et s'il revenait jamais, il faudrait ben déloger....

M. SINISTRE.

Va donc à ton ouvrage et mêle-toi de tes affaires.

PIERRE.

C'est juste..... Ainsi donc n'faut pas compter sur vous pour not'fête ?

M. SINISTRE.

Non...... tu sais que je n'aime pas le bruit........, Toutes ces réjouissances.....

PIERRE.

Vous font mal, pas vrai ? Et puis vous n'sauriez

p't'êtr'pas sur quel pied danser....... Hé ben ! c'est égal, nous nous amuserons sans vous, nous rirons, nous chanterons, et vive la joie !...... *(Se tournant vers les Paysans).* Hé ben ! vous autres, est-ce fini ?....... Ma foi, oui, rien ne manque.... allons à présent mettre nos biaux habits, et puis à la danse.... Adieu, M'sieu Sinistre ; tâchez d'vous ben porter aujourd'hui.

M. SINISTRE.

Je te remercie.

Chœur.

AIR : *Du vaudeville de la visite à Beldam.*

Allons, mes amis, allons,
Préparons-nous, le temps presse ;
Et ce soir, avec ivresse,
Nous chanterons les Bourbons !

M. SINISTRE.

Vous avez assez jasé,
Vos cris me cassent la tête........

PIERRE.

Il n'est pas de bonne fête,
Lorsquignia rien de cassé.

Chœur.

Allons, mes amis, allons,
Préparons-nous, le temps presse ;
Et ce soir, avec ivresse,
Nous chanterons les Bourbons.

(Pierre sort avec les Paysans).

SCÈNE III.

M. SINISTRE, LUCIE.

M. SINISTRE.

Ça va mal, ça va mal..... Ah ! te voilà Lucie.....
Que signifie cette toilette, je te prie ?

LUCIE.

Mon père, c'est pour la fête.....

M. SINISTRE.

La fête ! est-ce que tu crois y aller, par hasard ?

LUCIE.

Pourquoi donc pas ?.... L'on doit danser.

M. SINISTRE.

Oui, l'on sera pressé, foulé, abîmé.... et avec qui
danserais-tu ?

LUCIE.

Et Adolphe....

M. SINISTRE.

C'est précisément ce que je ne veux pas, Made-
moiselle.... Un extravagant, un écervelé..... qui se
se croit un héros, parce qu'il est dans la garde nationale.....

LUCIE.

Mon père, il s'est montré au champ d'honneur.

M. SINISTRE.

C'est possible.... je n'y étais pas... mais il t'aime,

je suis brouillé avec sa mère et je n'entends pas que tu l'écoutes.

LUCIE.

Ah ! mon père....

AIR : *Du vaudeville de la Somnambule.*

Au temps heureux de notre enfance,
Adolphe partageait mes jeux ;
Nous avions la douce espérance
De voir un jour combler nos vœux.
Pour moi sa tendresse est la même,
En vain, je voudrais l'éviter ;
Lorsque sa bouche dit qu'il m'aime,
Mon cœur me dit de l'écouter.
Mon cœur, hélas ! me dit de l'écouter.

M. SINISTRE.

Hé bien ! n'écoute pas ton cœur, et rentre à la maison.

LUCIE.

Comment, mon père ?.....

M. SINISTRE.

Rentre, te dis-je. Voyez donc ces petites filles qui s'avisent de vouloir danser quand ça va mal.

LUCIE *(à part en rentrant).*

Ah ! mon Dieu, que je suis malheureuse.

SCÈNE IV.

M. SINISTRE , L'ESPÉRANCE *(le sac sur le dos et le fusil sur l'épaule).*

L'ESPÉRANCE.

Ma foi je n'm'y reconnais plus...... Ah ! v'la z'un

pékin qui va me dire ça. *(A M. Sinistre qui suit sa fille et qui est sur le point de rentrer chez lui)*. Dites donc, mon ancien, connaissez-vous au quartier un M'sieu Sinistre ?

M. SINISTRE *(à part)*.

Que me veut ce militaire ? *(Haut, en hésitant)*. Oui..... je le connais......

L'ESPÉRANCE.

Ah ! tant mieux.... vous pourrez, en ce cas, m'indiquer où bivouaque le paroissien..... j'ai deux mots à lui communiquer......

M. SINISTRE *(effrayé)*.

Vous avez deux mots...... et quels sont ces deux mots , s'il vous plaît ?

L'ESPÉRANCE.

Et qu'est-ce que ça vous fait à vous ?

M. SINISTRE.

Cela ne me fait rien.... mais je serais bien aise....

L'ESPÉRANCE.

Ah ! ça, dites donc, l'bourgeois, si vous craignez l'désagrément, j'vous conseille de ne pas récidiver d'rechef , attendu qu'si j'vous prends z'à ma manière , j'vous fais faire un quart de conversion analogue.....

M. SINISTRE *(à part)*.

Voilà un'grenadier bien mal élevé.

L'ESPÉRANCE.

Cependant, je veux bien vous dire que ce M'sieu Sinistre est mon oncle, et que....

M. Sinistre.

Comment?.... Tu es l'Espérance, mon neveu?....

L'Espérance.

Et par conséquent, vous êtes mon oncle, vous?

M. Sinistre.

Eh ! oui, embrasse-moi donc....

(Ils s'embrassent).

L'Espérance.

Ma foi, j'n'vous reconnaissais pas.... vous avez une figure longue d'une aune, qui fait peine à voir.

M. Sinistre.

Eh !.... ce n'est pas sans raison, mon ami.

Air : *Je loge au quatrième étage.*
Il fut un temps, où ma figure
Exprimait toujours le plaisir ;
Ce temps n'est plus et j'en murmure ;
De douleur je me sens maigrir.
C'est une chose fort étrange !
Je dois tous les jours bien changer ;
Car ma figure se dérange,
Lorsque je vois tout s'arranger.

L'Espérance *(à part)*.

Hé ben ! est-ce qu'il serait incorporé dans les répugnans? J'croyais que ce régiment-là était licencié.

M. Sinistre.

Mais toi, tu es bien changé aussi; je ne te remettais pas du tout.

L'Espérance.

Dam ! il y a quelque part quelques années que nous n'nous sommes vus, et les moustaches n'ont pas laissé que d'pousser dans l'intervalle du temps.

Air : *Du Petit Courrier.*

Ell's ont vu le feu du canon,
Plus d'une fois, je vous l'assure ;
Ell's n'ont jamais souffert d'injure ;
J'y tiens presqu'autant qu'à mon nom.
En tout temps ell's me sont fidèles,
Car, ell's font tourner, Dieu merci,
Assez souvent la tête aux belles,
Et toujours l'dos à l'ennemi.

M. Sinistre.

Ce pauvre l'Espérance ! que je suis content de le revoir ! *(à part)* pourvu qu'il ne me demande pas son bien.

L'Espérance.

Eh ! moi, donc !.... avec quel plaisir j'me suis mis en route pour venir au pays..... Je me suis dit : j'ai de ce côté-là un oncle qui doit avoir du vin de Bordeaux, d'la gaîté, un'jolie fille et de bons sentimens ; et j'veux lui prouver, quand ça ne serait qu'en passant, que les vieux chevrons savent apprécier tout cela.

M. Sinistre.

Tu te retires donc du service ?

L'Espérance.

Moi ! Ne plus servir !.... et not'petit Henri, j'le quitterais !.... Non, mille bombes ! tant'qu'ça battra là, l'Espérance sera à côté de lui.

Air : *De Marianne.*

Après plus d'vingt ans d'exercice,
J'allais obtenir mon congé.
De quitter enfin le service,

Un'blessur'm'avait obligé.

Mais à la France,

La Providence,

De c'bon Berry

Accorde un fils chéri;

Dans mon ivresse,

Alors j'm'empresse

D'signer sur l'champ

Un autre engagement.

O Not'cher Henri, je te jure

De te garder jusqu'au trépas!

Tu peux avoir b'soin de mon bras....

Je n'sens plus ma blessure!

M. SINISTRE *(à part)*.

Encore un grenadier fanatique.... *(haut)* Ah ! j'y suis.... tu as pris un congé, n'est-ce pas ?

L'ESPÉRANCE.

Eh ! en effet.... c'est bien l'moment !

M. SINISTRE.

Mais, enfin, dis—moi.....

L'ESPÉRANCE.

D'abord, vous saurez que j'suis dans la garde.

M. SINISTRE *(à part)*.

Aye ! ça va mal.

L'ESPÉRANCE.

Et j'ose me flatter qu'il y en a là quelques-uns qui en valent d'autres... Or, je dis et j'espère que la question sera bien vîte décidée.... ça ne fera ni une ni deux.

M. SINISTRE.

Ah ! mon Dieu ! Est-ce que tu irais....

L'Espérance.

Tout juste ; dégriser les tapageurs et leur faire mettre quelques gouttes d'eau dans leur vin.

M. Sinistre.

Ah ! mon ami ! mon cher l'Espérance !

L'Espérance.

Hé ben ! quoi ?

M. Sinistre.

Air : *On-dit que je suis sans malice.*

Je frémis, quand je considère
Tous les dangers de cette guerre.

L'Espérance.

Moi j'n'en vois pas, quand nous marchons
Sous la bannière des Bourbons.

M. Sinistre.

Rappelle-toi, je t'en supplie,
La catastrophe d'Italie ;
Si jamais vous entrez là-bas,
Hélas ! vous n'en sortirez pas !

L'Espérance.

Ah ! ça, c'est une rêverie renouvelée des Grecs que vous me chantez-là.

M. Sinistre.

L'on voit bien que tu ne sais pas ce que c'est que la guerre.

L'Espérance.

Non, c'est vous qui me l'apprendrez, peut-être ?

M. Sinistre.

Mais où est donc la nécessité ?

L'Espérance.

C'est ben malin à deviner.

Air : *De l'Incognito.*

Un'faction un peu trop téméraire
M'nace aujourd'hui le r'pos de nos voisins ;
Elle a chez nous plus d'un discret compère,
Qui favoris'ses vœux et ses desseins.
Le canon seul, vous l'avouerez, j'espère,
Peut mettre fin à tous ses beaux projets.
Vous voyez ben qu'si nous faisons la guerre,
    C'est pour avoir la paix,

M. Sinistre.

Tout cela est fort bien, mais ce que je ne conçois pas, c'est que l'on veuille faire la guerre quand on a une armée d'enfans....

L'Espérance.

Ah ! ça, papa, vous battez la berloque. Si nos soldats sont jeunes, ils sont Français, corbleu ! et avec ça on va loin !

Air : *Du pas redoublé.*

A leurs neveux les vieux soldats
Ont légué leur courage,
Ils s'montreront dans les combats
Dign's de cet héritage.
Ainsi point d'propos insultans
Pour ces jeun's militaires,
Car vous verrez que *ces enfans*
Se battent comm'leurs pères.

M. Sinistre.

Tu crois peut-être me rassurer... Hé bien, pas du tout ; il me semble au contraire que ça va bien mal.

L'Espérance.

Morbleu ! laissez aller les choses comme elles vont, et ne vous plaignez pas.... Qu'est-ce qu'il vous manque ? n'êtes-vous pas tranquille ?

M. Sinistre.

Oui.... mais.... ça va mal.

L'Espérance.

Tout l'monde n'est-il pas heureux, content ?

M. Sinistre.

Certainement.... mais....

L'Espérance.

Hé ben ! donc, qu'dites-vous ?

M. Sinistre.

Air : *La Garde Royale est là.*

Oui je conviens que la France
Est heureuse maintenant;
Le crédit, la confiance
Augmentent à chaque instant.
Les beaux arts et l'industrie
Font les plus heureux progrès;
Enfin dans notre patrie,
La gloire habite à jamais....
    C'est égal,
    Au total,
Ça va mal et toujours mal.

—————

Sans être dans l'opulence,
De mon bien je suis content;
Je peux vivre dans l'aisance,
Et j'ai de l'argent comptant.
Pas la moindre maladie,

Toujours un bon appétit;
Sans désir et sans envie,
Tout enfin me réussit....
   C'est égal,
   Au total,
Ça va mal et toujours mal.

L'Espérance *(lui donnant une petite tape sur le front).*

Croyez-moi, c'est ça qui va mal.

M. Sinistre.

Ah! oui.... Tiens, mon neveu, quand il y a deux partis comme cela en présence....

L'Espérance.

Deux partis! Il n'y en a qu'un, morbleu!

Air : *Des Amazones.*

Des passions, pour calmer la furie,
Soyons unis, oublions les erreurs;
Rallions-nous autour de la patrie,
Assez, hélas! elle a versé des pleurs!
Dans les combats maintenir sa puissance,
Par les beaux arts l'illustrer dans la paix,
Vivre et mourir pour son Roi, pour la France,
Voilà le vœu, le parti d'un Français.
Oui, voilà le parti d'un Français.

Ah! ça, cher oncle, assez causé comme ça; si vous voulez m'mettre en conversation pour le quart d'heure avec un'bouteille, ça n'fera pas mal, car je viens de loin.

M. Sinistre.

Tu m'as l'air d'un bon vivant, mon neveu.

L'Espérance.

Qu'voulez-vous? c'est mon métier à moi.... boire, aimer et me battre, je n'sors pas d'là.

2

M. Sinistre.

Allons, allons, viens te reposer.

L'Espérance *(en se retournant)*.

Dites-donc ? est-ce qu'il y a une fête ici ?

M. Sinistre.

Ma foi, je ne sais pas ce qu'ils veulent faire, cela ne me regarde pas.

SCÈNE V.

Les précédens, LUCIE.

Lucie.

Vous restez donc à la fête, mon père ?

M. Sinistre *(à Lucie)*.

'Tiens, Lucie, voilà ton cousin l'Espérance.

L'Espérance.

Comment, M. Sinistre, c'est c'te petit'Lucie qui était pas plus haute que ça....

M. Sinistre.

Eh ! mon Dieu ! oui....

L'Espérance *(à Lucie)*.

Certainement.... ma cousine.... vot'cousin n'a jamais oublié..... parce que..... les sentimens, voyez-vous.... et puis.... quand on est parent avec ça....

M. Sinistre.

Allons, embrasse-là, sans tant de complimens.

L'Espérance.

Avec vot'permission, si ça ne déplaît pas à la pa-
rente.

Lucie.

Pas du tout, mon cousin.

(Il l'embrasse).

L'Espérance *(à part)*.

Elle est jolie tout d'même.

M. Sinistre.

Rentrons, mes enfans, tu as besoin de repos, mon
garçon.

L'Espérance.

Et d'déjeûner au préliminaire.

M. Sinistre.

En ce cas...

Air : *Vaudeville du Savetier.*

Viens sur le champ te mettre à table,
Tous deux, mon cher, nous trinquerons.

L'Espérance.

Je me sens une soif du diable,
Je f'rai voler quelques bouchons.

M. Sinistre.

Ah ! j'ai du vin par excellence,
Je réponds de certain flacon....

L'Espérance.

J'n'ai pas besoin de c'te assurance,
Tout c'qu'est de Bordeaux doit être bon.

(Ils rentrent tous).

~~~~~~

SCÈNE VI.

Madame SIMON, ADOLPHE *(en uniforme de garde national)*.

ADOLPHE.

Ah ! ah ! tout est préparé.

Madame SIMON.

Hé ben ! qu'est-ce qu'ils attendent donc pour commencer ?

ADOLPHE.

Soyez sûre qu'ils ne vont pas tarder ; ils ne s'endorment pas ce jour-là.... Croyez-vous, ma mère, que Lucie vienne à la fête ?

Madame SIMON.

Elle ? ah ben ! oui.... ça n'leur convient pas, vois-tu, mon cher Adolphe, ils sont renfermés chez eux, qu'ils n'en sortiront pas.

ADOLPHE.

Ma mère, n'accusez pas Lucie ; je suis persuadé qu'elle serait enchantée de venir célébrer avec nous un si beau jour.

Madame SIMON.

Tu as raison ; c'est un'bon'p'tit'personne...... Moi j'l'aimais, j'l'aurais vue ta femme avec l'plus grand plaisir.... mais il faut que c'vilain M'sieu Sinistre vienne s'opposer à ton bonheur, au mien.... et pourquoi ? Parce que je ne pense pas comme lui, que je n'dis pas toujours ça va mal, quand ça va bien.

AIR : *Monsieur, vous êtes bien honnête* (d'Angéline).

> I'n'met pas beaucoup de finesse
> A déguiser son sentiment ;
> De la Charte il parle sans cesse,
> En déchirant le gouvern'ment.
> A c'te loi qui sans doute est bonne,
> Nous devons tous être soumis ;
> Mais je n'crois pas qu'la Charte ordonne
> D'êtr'l'ennemi de son pays.

ADOLPHE.

Mais, ma mère, si vous ne l'aviez pas tant contrarié....

Madame SIMON.

Ah ! tais-toi.... j'ai mon opinion, je n'la cacherai d'vant personne. S'il s'est cru offensé, tant pis pour lui ; mais tout c'que je pense, il faut qu'ça parte.... J'crois l'entendre sortir ; je n'veux pas le voir, parce que j'ne sais pas c'que j'lui dirais...... j'aime mieux m'en aller, tu viendras me prévenir quand la fête commencera.

(Elle rentre chez elle).

ADOLPHE.

Si je pouvais voir Lucie.... Quel est ce militaire ?

SCÈNE VII.

ADOLPHE, L'ESPÉRANCE.

L'ESPÉRANCE.

V'là ce que c'est..... *(se frappant sur l'estomac),* la giberne est garnie, tranquille au poste.

ADOLPHE *(à part)*.

Qu'est allé faire ce soldat chez Monsieur Sinistre?

L'ESPÉRANCE *(à part)*.

Ah ! v'la z'un militaire bourgeois, qui n'laisse pas que d'avoir de la tenue par derrière. *(Haut)*. Dites-moi, camarade, en l'honneur de quel saint tous ces préparatifs ?

ADOLPHE.

En l'honneur du *Douze-Mars*.

L'ESPÉRANCE.

Qu'est-ce qu'c'est qu'ça le *Douze-Mars ?*

ADOLPHE.

AIR : *De la Sentinelle.*

Au Douze-Mars, un fils du Béarnais
Vint dans nos murs chercher l'antique France;
Il nous rendit le bonheur et la paix,
Et notre amour égala sa vaillance.
O jour si cher aux cœurs vraiment français,
Ton souvenir étonnera l'histoire !
Tu fus l'honneur des Bordelais;
Ils célébreront à jamais
L'anniversaire de leur gloire.

L'ESPÉRANCE.

Ah ! ça, moi je suis Bordelais, mille bombes ! j'ai ma part du gâteau.... pourquoi diable n'étais-je pas là à ce *Douze-Mars ?*.... Vous y étiez, vous ?

ADOLPHE.

Oui, mon brave, et dans d'autres circonstances aussi.

AIR : *Mon galoubet.*

Nous étions là ,   (*bis*).
Lorsque la fortune ennemie
Contre la France conspira.
Pour les Bourbons et la patrie,
Quand il fallut donner sa vie,
Nous étions là !   (*4 fois*).

L'ESPÉRANCE *(lui tendant la main).*

Touchez-là, camarade, nous lèverons le coude ensemble, j'vous le promets.

ADOLPHE.

Avec plaisir, mon brave..... vous êtes donc du pays ?

L'ESPÉRANCE.

Eh ! parbleu ! je le crois ben... le père Sinistre est mon oncle.

ADOLPHE.

Quoi ! vous seriez l'Espérance ?

L'ESPÉRANCE.

Un peu.

ADOLPHE.

Vous ne reconnaissez pas Adolphe ?

L'ESPÉRANCE.

Le fils de la mère Simon ?

ADOLPHE.

Eh ! oui, c'est moi.....

L'ESPÉRANCE.

Tiens, tiens, comm'te v'la grandi z'et retapé, mon garçon !

ADOLPHE.

Ce pauvre l'Espérance.... je te croyais mort.

L'ESPÉRANCE.

Pas si bête.... et la bonne mère Simon, comment est-ce qu'elle se porte ?

ADOLPHE.

Très-bien, Dieu merci.

L'ESPÉRANCE.

C'n'est donc pas comme l'oncle.... ça va toujours mal avec lui....

ADOLPHE.

Et cependant cela va bien à Paris ?

L'ESPÉRANCE.

J't'en réponds... tout'la garde s'mettrait dans l'feu, quoi ? pour not'famille royale ; et les Parisiens, donc !.....

AIR : *De Fanchon.*

Avec idolatrie,
C'te Famille est chérie ;
Ell'n'sait que fair'du bien
Enfin,
En cas d'nouvell's alarmes,
Les Parisiens n's'raient pas manchots,
Ils courraient tous aux armes !....

ADOLPHE.

Et c'est comme à Bordeaux !

L'ESPÉRANCE.

Même air.

Not'petit Henri quatre
Saura boire et se battre ;

Vous l'verrez faire un bon
   Luron ;
Il est not'espérance ,
Et s'ra, j'en suis sûr, un héros ,
Car c'est l'enfant d'la France....

ADOLPHE.

Et le Duc de Bordeaux !

Ah, ça ! l'Espérance, tu passes quelques jours avec nous ?

L'ESPÉRANCE.

Non, mon ami, je n'ai pas le temps de m'amuser en route.... je pars demain pour aller essayer un petit dialogue avec les voisins.

ADOLPHE.

Ah ! tu te rends à l'armée ?

L'ESPÉRANCE.

Et ce n'est pas sans peine.... Il y avait tant d'amateurs !.... Mais le tirage a eu lieu, et, Dieu merci, j'ai attrapé le bon billet.

ADOLPHE.

Comment donc ?

L'ESPÉRANCE.

AIR : *De Julie.*

Oui , dans la gard'c'est la seul'fois, je pense ,
Qu'nous n'avons pas été de même accord.
Chacun voulait avoir la préférence ,
Il a fallu s'en rapporter au sort ;
A tant de zèle aisément on peut croire ,
Quand d'Angoulême est notre commandant ;
Car alors chaq'billet partant
Est un'feuill'de rout'pour la gloire !

Il y a aussi quatre cents individus qui viennent du même côté que nous ; et j'dis qu'ceux-là ont la tête près du bonnet.

AIR : *Vous connaissez le grand Eugène* (1).

Versailles les a vus fidèles
Combattre au poste de l'honneur,
Et Madrid d'palmes immortelles
Va couronner leur front vainqueur.
De leur dévouement nos rois peuv'tout attendre
Pour eux toujours ils ont bravé l'trépas ;
Lorsqu'il fallut veiller pour les défendre,
Ceux-là, du moins, ne dormaient pas.

A propos d'sommeil, dis-moi donc, est-c'que l'paroissien d'oncle manœuvrerait de travers ?

ADOLPHE.

Et d'une furieuse manière.

AIR : *L'amour qu'Edmond à su me taire.*

J'allais entrer dans sa famille,
Nous étions les meilleurs amis ;
J'obtenais la main de sa fille,
Tous mes vœux étaient accomplis.
Mais dans un accès de colère,
D'avis, hélas ! il a changé ;
Et c'est l'élection dernière
Qui m'a fait donner mon congé.

L'ESPÉRANCE.

Ah ! c'est comm'ça........ ah ben ! j'vais l'y faire fumer un'pipe qui ne sera pas mince. Mais qui diable lui a tourné la tête de c'te manière ?

ADOLPHE.

L'intérêt, qui la fait tourner à bien d'autres.

---

(1) Couplet ajouté à l'occasion du passage de MM. les Gardes du corps à Bordeaux.

Air : *J'étais bon chasseur autrefois.*

Ton cher oncle était autrefois
Percepteur de notre commune ;
Il fut destitué, je crois,
Pour avoir trop fait sa fortune.
Dans les bras de la liberté,
Voulant oublier sa disgrace ;
Il nous prêche l'égalité,
Depuis qu'il a perdu sa place.

L'Espérance.

Hé bien, moi, je l'remettrai au pas ; n'crains rien, tu épouseras ta personnière, ou je n'm'appelle pas l'Espérance.

Adolphe.

Ah ! mon ami, tu ferais mon bonheur....

L'Espérance.

Sois tranquille, te dis-je....... j'entends l'oncle, bats en retraite, je reste au poste.

Adolphe.

Tu sais....

L'Espérance.

J'sais tout, par file à droite, marche.

Adolphe.

Adieu donc. *(Il sort).*

~~~~~~

SCÈNE VIII.

L'ESPÉRANCE, M. SINISTRE.

L'Espérance *(à part).*

Avance à l'ordre.

M. Sinistre.

Que fais-tu donc là, l'Espérance ?

L'Espérance.

Moi ? j'attends la fête.

M. Sinistre.

Tu verras quelque chose de beau !

L'Espérance.

L'cœur en f'ra les frais..... il n'en faut pas davantage..... on boira à la santé du Roi, et je n'manque
jamais ces occasions.... pour lui, faire la charge en
douze temps et casser le col à une bouteille, c'est
tout comme.

M. Sinistre.

Bah ! viens voir mon jardin.

L'Espérance.

Pas pour le moment....... je m'en vais rendre ma
visite à la mère Simon.

M. Sinistre.

A cette vieille bavarde ?

L'Espérance.

Oui, M'sieu Sinistre ; j'aime les honnêtes gens,
moi..... et tenez, vous n'devriez pas dire du mal des
bavards, car, Dieu merci... *sufficit...* je m'entends.

M. Sinistre.

Mais tu ne sais pas que je suis brouillé avec ta
madame Simon ?....

L'Espérance.

Mande excuse, et c'est pour ça que j'veux l'aller

voir...... vous avez fait un'sottise, pardon du terme,
et j'veux la réparer.

M. Sinistre.

Ne pense pas me réconcilier avec elle.....

L'Espérance.

Au contraire, c'est qu'j'y pense.

M. Sinistre.

Je te jure.....

L'Espérance.

N'faites pas d'serment, j'sais ce qu'en vaut l'aune.

M. Sinistre.

Elle a une opinion.......

L'Espérance.

Qui vous déplaît, pas vrai ? Hé ben ! tant pis, il
faudra qu'ell'vous plaise.

M. Sinistre.

Mais j'espère, mon ami, que tu n'es pas exagéré
comme elle.......

L'Espérance.

Pardon, j'ai aussi mon exagération.

Air : *Voilà la manière.*

A l'honneur fidèle,
Garder ses sermens ;
Servir avec zèle,
Braver les méchans,
Marcher en avant,
Sans jamais r'garder en arrière ;
Avec l'drapeau blanc,
Ne pas connaître de barrière ;

Mourir sous cett'bannière
Que la gloire illustra ,
Voilà la manière
Dont je suis *ultrà.*

M. SINISTRE.

Hé bien , mon ami, tu as tort..... cette exagération est..... coupable.....

L'ESPÉRANCE.

Ah ! dites donc , la garde n'plaisante pas sur l'ar-
ticle..... si c'était un autre , voyez-vous , j'lui f'rais
faire une connaissance avec l'camarade qui n'serait
pas équivoque. *(Il montre son sabre).*

M. SINISTRE.

Tu me comprends mal.

AIR : *Femmes , qui voulez éprouver.*

Moi, je n'aime point les partis :
Je désapprouve ton langage ;
Oublirais-tu qu'à ton pays
Tu dois ton bras et ton courage ?

L'ESPÉRANCE.

J'admire votre bonne foi ;
Ah ! répondez , je vous en prie :
Lorsque je combats pour mon Roi ,
N'est-ce donc pas pour ma patrie ?

M. SINISTRE *(à part).*

Ça va mal , ça va mal.

L'ESPÉRANCE.

Mais c'n'est pas d'ça qu'il s'agit pour l'quart
d'heure.... C'est aujourd'hui la fête des bons enfans ;
j'en connais un près de là qui aime ma cousine , il
faut qu'il l'épouse.....

M. Sinistre *(prenant une prise de tabac).*

Quelle extravagance! je t'ai déjà dit que je ne pouvais pas sentir l'opinion.....

L'Espérance.

Si j'vous avais su le nez si patriotique, j'vous aurais porté un'd'ces tabatières où est-ce qu'on respire des sentimens z'avec un'prise..... mais c'est égal....

SCÈNE IX.

Les précédens, Madame SIMON.

Madame Simon *(accourant).*

Comment, il est ici c'bon l'Espérance!........ eh! oui, le voilà!........

L'Espérance.

C'est vous, Madame Simon?.....

Madame Simon.

Air : *Est-ce ma faute dà.*

Lorsqu'dans cette terre,
T'étais un petit gas;
Avant qu'pour la guerre
Tu n'partis, hélas!
N'te souvient-il pas
Qu'tu m'app'lais ta mère?
N't'en souvient-il pas?
Viens donc dans mes bras!

L'Espérance *(l'embrasse avec transport, et se retournant vers M. Sinistre).*

Ell'n'a pas la figure longue, celle-là.

Madame Simon.

Tu viens d'Paris n'est-ce pas, mon garçon?

L'Espérance.

Oui, bonne mère......

Madame Simon.

Hé ben ! qu'est-ce qu'y a de nouveau?

L'Espérance.

Ma foi c'est toujours la même chose......... le Roi s'occupe de not'bonheur ; les gens tranquilles d'leurs affaires ; quelques clampins de c'qui n'les r'garde point...... et..... la garde royale est là.

M. Sinistre *(à part)*.

Aye ! ça va mal.

Madame Simon.

Dis-moi, l'Espérance ? connais-tu not'bonne Duchesse d'Angoulême ; l'as-tu vue bien souvent ? Ah ! si tu savais combien elle est aimée ici!......

L'Espérance.

C'est comm' dans toute la France.

Madame Simon.

Oh ! c'est qu'tout l'monde n'la connaît pas comme nous.

L'Espérance.

Eh ! si , mère Simon.

Air : *Muse des bois.*

Comme à Bordeaux, ses vertus , son courage ,
Dans tout'la France ont brillé tour à tour ;
Nos cœurs lui rend'partout le même hommage,
Elle est, enfin , not'gloire et notre amour.

Pendant les jours de deuil et de misère,
Qui grâce au Ciel ne reviendront jamais,
Dieu conserva cet Ange sur la terre,
Pour essuyer les larmes des Français.

Madame SIMON.

Oui, mon ami, oui, c'est un Ange, et j'suis sûre qu's'il le fallait, vous la défendriez aussi bien que vous l'aimez.

L'ESPÉRANCE.

Qu'elle ait besoin de nous, et j'vous réponds que tout'la garde s'ra la première à l'appel.

Madame SIMON.

Et moi, j'me rends caution pour les Bordelais; ils ne seront pas les derniers.... Ah! ça, puisque tu viens de Paris, tu pourras nous parler d'not'Duc de Bordeaux; comment va-t-il?

L'ESPÉRANCE.

Il va bien, et il ira loin..... Cher petit Henri !

AIR : *De la Piété filiale.*

Jamais, hélas! tu n'connaîtras
Celui qui te donna la vie;
Il est au ciel; son image chérie
Est dans nos cœurs et n'en sortira pas.
Qu'notre amour console ta mère;
Nous te gardons, repose dans son sein :
Fils de Berry, tu n'es pas orphelin,
Chaque Français sera ton père.

Madame SIMON.

Ça m'fait-i plaisir, mon pauvre l'Espérance, quand j'pense que tout'l'armée est composée de soldats braves et fidèles comme toi.

3

L'Espérance.

Eh ! ça n'réjouit pas précisément tout l'monde.... demandez plutôt au voisin ?

M. Sinistre *(à part)*.

Que fais-je là, avec ces fanatiques ?....

L'Espérance *(retenant M. Sinistre)*.

Et j'dis, halte à la tête..... un instant...... Mère Simon, aimez-vous l'Espérance ?

Madame Simon.

Si je t'aime ?

L'Espérance.

Vous sentez-vous capable d'un p'tit sacrifice pour moi ?

Madame Simon.

De tous, mon ami.....

L'Espérance *(à M. Sinistre qu'il retient toujours)*.

Et vous, papa, aimez-vous vot'fille ?

M. Sinistre.

Ah ! laisse-moi ; je vois bien où tu veux en venir..........

L'Espérance.

Au contraire, c'est qu'vous n'le savez pas.... écoutez jusqu'au boùt..... Quand j'suis parti, vous étiez mon tuteur, et par conséquence vous m'gardiez tout l'bien qui m'revenait de ma pauvre mère....... vous devez toujours l'avoir......

M. Sinistre *(avec peine)*.

Oui..... certainement...... c'est juste..... il est.... à toi......

L'Espérance.

J'n'en veux pas....

M. Sinistre.

Comment, tu renonces?.....

L'Espérance.

A trois conditions : *primo*, j'épouserai vot'fille ; *duo*, vous f'rez la paix avec la mère Simon, et vous l'embrasserez ; *trio*, vous viendrez danser et trinquer avec nous ce soir à la fête..... Voyez si ça vous z'arrange, sinon, n'en parlons plus ; rendez-moi mon bien, et j'file.

Madame Simon.

Comment, l'Espérance, tu voudrais.......

L'Espérance.

Chut..... (*à M. Sinistre*) Hé ben ! êtes-vous décidé ?

M. Sinistre.

Mais, laisse-moi donc le temps de me reconnaître.

L'Espérance.

I'n'faut pas d'temps pour ça..... Oui ou non.

M. Sinistre.

D'abord j'ignore si tu auras le consentement de Lucie........

L'Espérance.

Le vot'suffit.

M. Sinistre.

Mais si elle ne t'aime pas ?

L'Espérance.

C'est égal..... Ell's'habituera..... Allons, Allons, touchez-là..... Vous consentez à tout, pas vrai ?

M. Sinistre.

Tu me fais faire tout ce que tu veux.

L'Espérance.

En c'cas, commencez par embrasser cet'bonne
mère Simon.

Madame Simon.

Mais, écoute, l'Espérance.

L'Espérance *(la prenant par la main)*.

C'est l'moment du sacrifice, en avant.

M. Sinistre.

Je ne veux forcer personne.....

L'Espérance *(le poussant)*.

Allez donc toujours.

Madame Simon.

Air : *Du major Palmer.*

J'm'y détermine sans peine;
Embrassons-nous, mon voisin;
Oublions tout'notre haine,
Soyons bons amis enfin.

M. Sinistre.

Laissons-là la politique,
Entre nous plus de débats;
De notre querelle antique
Désormais ne parlons pas.

Madame Simon.

Dieu me gard'que je discute,
Mais convenez sans façon,
Que lors de notre dispute,
C'était moi qu'avais raison.

M. Sinistre.

Moi je soutiens, au contraire,
Que toujours vous avez tort ;
Car vous avouerez, ma chère,
Que vous criez le plus fort.

Madame Simon (*vivement*).

Quand j'entends une insolence,
N'faudrait donc rien dir'du tout !

M. Sinistre.

J'écoute avec patience,
Vos sottises jusqu'au bout !

Madame Simon (*de même*).

Par exemple ! quelle audace
De m'traiter d'cett'façon-là !

M. Sinistre.

Dam !.... mettez-vous à ma place....

Madame Simon.

Non, j'ai trop d'honneur pour ça.

M. Sinistre.

Toujours vos mauvais propos.......

Madame Simon.

Toujours vos injures.....

L'Espérance.

Hé ben ! ça va-t-il recommencer ?....... vous avez
tort et raison, tous les deux.... plus d'équivoques...,
embrassez-vous.

Madame Simon.

J'n'en f'rai rien.

M. Sinistre.

Ni moi non plus.

L'Espérance.

Mille bombes ! je n'pourrai donc pas vous fair'signer un'suspension d'armes !

Madame Simon.

Adieu, l'Espérance...... je n't'en veux pas, mon garçon, épouse Lucie ; tu seras heureux..... et mon pauvre Adolphe..... Adieu..... *(Elle sort)*.

SCÈNE X.

M. SINISTRE, L'ESPÉRANCE.

L'Espérance.

Attendez donc.... mère Simon.... Elle s'en va.... il faut avouer que vous avez un'téte plus difficile à manœuvrer qu'une pièce de quarante-huit.

M. Sinistre.

Et que dis-tu de la sienne ?

L'Espérance.

Elle, c'est différent......, elle est du sexe et n'sait pas céder d'sa nature.

M. Sinistre.

Hé bien ! je ne lui céderai pas, cependant.

L'Espérance.

Vous m'promettez au moins de venir à la fête ?

M. Sinistre.

Il le faut bien, car tu ne me laisserais pas un instant de repos.

L'Espérance.

A la bonne heure.

M. Sinistre *(apercevant Adolphe)*.

Tiens ! voilà le fils à présent, je te laisse avec lui, et je vais préparer Lucie à son mariage.

L'Espérance.

Allez, papa beau-père.

~~~~~~

SCÈNE XI.

L'ESPÉRANCE, ADOLPHE.

Adolphe *(brusquement)*.

Je vous cherchais.

L'Espérance.

Hé bien ! me voici..... qu'as-tu donc ?

Adolphe.

Vous l'ignorez ?..... J'aurais cru qu'un soldat français avait plus d'honneur......

L'Espérance *(portant vivement la main à son sabre)*.

Morbleu !...... *(se remettant)* explique-toi....

Adolphe.

Comment ? après la promesse que vous m'avez faite, vous osez devenir mon rival ?......

L'Espérance *(en riant)*.

Ah ! c'est ça qui te met en colère ? Que veux-tu, mon garçon ? *primo mimi*, comme dit l'autre.

ADOLPHE.

Et tu crois que je souffrirai......

L'ESPÉRANCE.

Et que feras-tu ?

ADOLPHE (*montrant son sabre*).

Voilà qui décidera la question.

L'ESPÉRANCE.

Comment ! tu veux te battre avec moi ? Tu as donc perdu la tête, mon pauvre ami.

ADOLPHE.

C'est ce que nous verrons,...... Parce que je suis dans la garde nationale, il ne faut pas croire....

L'ESPÉRANCE.

Oh ! j'vois bien qu'tu n'es pas un pigeon : aussi j'te soignerai en conséquence.

ADOLPHE.

Hé bien ! marchons !......

L'ESPÉRANCE.

Un instant, rien n'nous presse..... Cette journée doit être tout'donnée au plaisir ; demain les affaires.

SCÈNE XII.

Le précédens, LUCIE.

ADOLPHE (*courant au-devant de Lucie*).

Ah ! Lucie........

L'ESPÉRANCE.

Alte-là, camarade, respect à la propriété de l'Espérance.

LUCIE.

Comment ? Il est vrai, mon cousin.... ....

L'ESPÉRANCE.

Que j'vous épouse, ma cousine ; demandez plutôt
à Adolphe.....

ADOLPHE *(bas à l'Espérance)*.

Nous verrons demain........

LUCIE.

Mais, mon cousin.

L'ESPÉRANCE.

Hé ben ! est-c'que j'vous déplais ?

LUCIE.

Oh !..... non..... mais.....

L'ESPÉRANCE.

Est-c'que vous n'maimez pas, quoi ?

LUCIE.

Je ne dis pas cela..... mais.....

L'ESPÉRANCE.

Mais, mais....... que dites-vous donc ?

LUCIE.

Que je vous aimerais encore bien davantage..... si
vous ne vouliez pas m'épouser, mon cousin.

L'ESPÉRANCE.

Le compliment est joli !

ADOLPHE.

Il est au moins sincère.

L'ESPÉRANCE.

Et quelle est votre raison ?...... Malgré ces deux
chevrons, je n'suis pas invalide que j'pense.

LUCIE.

Je vous en supplie, ne m'interrogez pas.

L'ESPÉRANCE *(regardant Adolphe)*.

J'vois c'que c'est...... Il y a de l'amour d'un autre côté....

LUCIE *(avec timidité)*.

Et si cela était ?

L'ESPÉRANCE.

Si cela était ! corbleu !..... mais, voyons, dîtes-moi ça au juste.

LUCIE.

Hé bien !.....

AIR : *De Préville et Taconnet.*

Vous le voulez, je ne dois plus le taire :
A m'épouser, renoncez, mon cousin.
Sans doute, Hélas ! j'offense un tendre père ;
Mais je ne peux disposer de ma main.
Adolphe seul de mon cœur est le maître ;
Je l'avouerai sans crainte et sans détours ,   *(bis).*
Oui, je l'aimais avant de vous connaître :
Je vous connais..... et je l'aime toujours,

ADOLPHE.

Il me semble que c'est clair.

L'ESPÉRANCE *(gaîment)*.

Oui, ça m'fait cet effet-là, aussi ; mais c'est égal, p'tite cousine, j'vous épouserai ; il n'y a pas besoin d's'aimer pour ça...... (*on entend la ritournelle de l'air suivant*). Ah ! voilà les bons enfans !... Allons, morbleu ! vive la joie !...... *(bas à Adolphe)* et demain le coup de sabre.

SCÈNE XIII.

Les précédens, PIERRE, *des Paysans et des Paysannes accourent en dansant.*

Chœur.

AIR : *Du Vaudeville en vendanges.*
Chantons, mes amis, chantons ,
C'est le jour de l'allégresse;
Répétons avec ivresse
Vivent, vivent les Bourbons !

PIERRE.

Jeuness' mettez-vous en danse ,
C'est d'votre âge : quant à moi,
J'allons marquer la cadence ,
En trinquant au nom du Roi !

Chœur.

Chantons., mes amis , etc.

PIERRE *(aux Paysans).*

Par ici...... Par ici......

*(Les Paysans s'approchent des tables qu'on a dis-
posées dans le fond).*

L'ESPÉRANCE *(aux Paysans).*

Bravo ! mes amis..... Je vais être des vôtres tout à
l'heure..... Hé bien ! Adolphe, tu as l'air triste.....
tu prends mal ton moment : reveille-toi, morbleu !...
attends........ j'vais chercher le particulier, parce
qu'autrement il ne viendrait pas. *(Appelant à la
porte de M. Sinistre).* Allons papa ! c'est commencé !
en avant.

M. SINISTRE. *(dans la coulisse).*

Un instant, que diable ! j'y vais.....

L'Espérance.

Il n'est pas dans les pressés, l'paroissien.....

Adolphe (*bas à l'Espérance, en lui serrant la main*).

Adieu..... nous nous reverrons demain.....

L'Espérance (*le retenant*).

Non pas d'ça ; tu resteras avec nous ; je n'te lâche pas d'abord.....

Lucie.

Comment, Adolphe, vous voulez nous quitter ?

L'Espérance.

Tu vois bien qu'tu es obligé de rester..... (*appelant à la porte de M. Sinistre*). Ce s'ra-t-il pour aujourd'hui, beau-père ?

SCÈNE XIV.

Les Précédens, M. SINISTRE.

M. Sinistre.

Me voilà, me voilà.

Air : *Oh! oh! oh! oh! ah! ah! ah! ah!*

Je viens prendre part, mes enfans,
  Au plaisir de la danse,
Mais que vos jeux soient peu bruyans,
Soyons gais en silence.

Chœur.

Oh! oh! oh! oh! ah! ah! ah! ah!
C'est M'sieu Sinistre que voilà,
  La, la, la,
Oh! oh! oh! oh! ah! ah! ah! ah!
Nous verrons comme il dansera.

L'Espérance *(aux paysans).*

Ah ! ça, mes amis, en qualité d'ancien, je m'nom-
me général de la brigade des lurons ; c'est moi qui
commanderai la manœuvre... mais pour le moment,
en place, repos !..... Nous avons un'petite affaire à
régler ici..... Dites donc, l'oncle, j'épouse Lucie,
n'est-ce pas ?

M. Sinistre.

Je t'ai donné ma parole, ainsi....

Lucie.

Mon père....

Adolphe.

Ah ! Monsieur, je vous en conjure....

L'Espérance *(à Adolphe).*

Tais-toi.... *(à M. Sinistre)* Lucie est donc bien à
moi ?

M. Sinistre.

Eh ! oui, te dis-je.... c'est entendu.

Lucie *(à son père).*

De grâce....

AIR : *Un homme pour faire un tableau.*

Ayez pitié de ma douleur,
Si je vous suis encore chère ;
Dois-je donc faire mon malheur
En obeissant à mon père ?

L'Espérance.

Je n'aurai point la cruauté
D'laisser ma femm'dans la souffrance ;
Puisqu'elle est ma propriété.....
(à Adolphe)
J't'en abandonn'la jouissance.

ADOLPHE.

Comment ?

L'ESPÉRANCE.

Oui, c'était une frime....... Je n'ai jamais été ton
rival.... *(unissant Adolphe et Lucie)* mariez-vous et
soyez heureux.

M. SINISTRE.

Mais, moi', je ne consens pas.

L'ESPÉRANCE.

C'est possible.... mais, moi, je peux faire de mon
bien c'que je veux. Je donne ma maison à mon oncle,
et ma femme à mon ami, personne n'a rien à dire
à ça.....

M. SINISTRE *(de mauvaise humeur).*

Tout cela est fort bien, sans doute...... *(à part).*
Au fait, c'est un bénéfice tout clair.

ADOLPHE *(à l'Espérance).*

Et j'avais pu t'accuser !.....

L'ESPÉRANCE.

Hé ben !...... nous battrons-nous demain, M'sieu
le ferrailleur ?) *A Lucie).* Et vous, me f'rez-vous
encore la mine ?

LUCIE.

Oh ! non, mon bon cousin.

ADOLPHE *(courant à la porte de sa maison).*
Ma mère, ma mère ! venez donc !

M. SINISTRE *(bas à l'Espérance).*
Tu me joues là un tour.....

L'Espérance.

Épouvantable....... J'vous abandonne mon bien,
j'marie vot'fille, j'vous réconcilie avec vos voisins ;
c'est vrai qu'c'est bien mal....

SCÈNE XV.

Les précédens, Madame SIMON.

Eh ! qu'y a-t-il donc ?

ADOLPHE.

Ah ! ma mère, elle est à moi !

Madame SIMON.

Qui ?

L'Espérance.

La cousine, parbleu !

ADOLPHE (présentant Lucie à sa mère).

Embrassez donc ma femme.

Madame SIMON.

Lucie est ta femme ?....

LUCIE.

Oui', Madame Simon ; et vous, vous serez ma
mère.....

Madame SIMON (l'embrassant).

Oui, oui, mon enfant.

L'Espérance.

Ah ! ça, cett'fois-ci, j'espère qu'vous embrasserez
l'oncle.

Madame **SIMON** *(avec effusion)*.

Eh ! ma foi !.... s'il le veut ?

M. Sinistre.

Avec plaisir, mère Simon.... oublions tout....

(Ils s'embrassent).

L'Espérance.

Allons donc !...... qu'on a de peine, morbleu ! à ramener la paix ici...... Mais enfin, elle est ben conclue.... Par ainsi, papa Sinistre, plus d'hostilités !..... Promettez-moi d'commencer dès aujourd'hui un oblique à droite, et, croyez-en l'Espérance, cett'manœuvre-là vous portera bonheur.

M. Sinistre.

Hé bien ! mon ami, je te promets d'essayer.

L'Espérance.

Air : *De Lantara.*

> Oui, j'ai la douce certitude
> Que dans nos rangs vous r'viendrez d'bonne foi ;
> Sur l'passé plus d'inquiétude,
> Espérez tous des bontés d'notre Roi ;
> Bien loin, hélas ! de se montrer sévère
> Pour des enfans qu'l'erreur rendit ingrats,
> Il les aime ; et comme un bon père,
> Chaque jour il leur tend les bras.

(On porte une table servie sur le devant du théâtre. Les Paysans sont toujours à table dans le fond).

Adolphe.

A table ! à table !

L'ESPÉRANCE.

Bien dit.

(Ils se mettent tous à table).

L'ESPÉRANCE *(debout, le verre à la main et s'adres-*
sant aux paysans).

A présent, attention au commandement !........
Garde à vous !.... Chargez les verres !.... à la santé
du Roi !

(Tous, se levant).

A la santé du Roi !

L'ESPÉRANCE.

AIR : *Du premier pas.*

Au nom du Roi,
Français plus de querelles ;
Donnons-lui tous nos bras et notre foi.
A nos sermens soldats soyons fidèles,
Et qu'désormais on n'voi'plus de rebelles,
Au nom du Roi.

ADOLPHE *(se levant).*

Mes amis, buvons au Douze Mars !

(Tous, le verre à la main).

Au Douze Mars !

ADOLPHE.

Du *Douze-Mars,*
La mémoire éternelle
Nous guidera toujours dans les hasards.
Nobles enfans de la Cité fidèle,
Ah ! prenez tous pour devise immortelle,
Le *Douze-Mars !*

Le premier Mars,
Nous étions sous les armes,

4.

Pour éloigner l'Anglais de nos remparts ;
Mais un Bourbon dissipe nos alarmes ;
Au Bourbon seul nous rendîmes les armes,
Le *Douze-Mars !*

L'Espérance (*se versant à boire*).

Encore un p'tit verre de vin pour le Douze Mars !.

(*L'orchestre joue l'air, Vive Henri IV.*)

SCÈNE XVI.e et dernière.

Les précédens, *des Paysans et des Gardes natio-*
naux portant le buste du duc d'Angoulême.
(*Tout le monde se lève*).

AIR : *Vive Henri-Quatre.*

D'notre Henri-Quatre !
Vive ce digne Enfant.
Rien n'peut nous abattre,
Quand il marche en avant ;
Car il sait combattre
Tout comm'le vert galant.

(*Ils posent le buste sur le piédestal placé dans le*
fond du théâtre. Tout le monde se rassied).

ADOLPHE.

A la santé du duc d'Angoulême, le héros de la
fête !

(Tous).

A la santé du duc d'Angoulême !

ADOLPHE (*se levant*).

AIR : *De la partie carrée.*

D'un Prince aimé l'image nous rappelle
Le souvenir de nos antiques preux ;

Nous l'avons vu , dans la Cité fidèle ,
Chérir la gloire et son pays comme eux.
Au champ d'honneur où le guide Bellone ,
Il va cueillir la palme du guerrier ;
Et les vertus viendront à sa couronne
Joindre un nouveau laurier.

(*Ils se lèvent tous ; on retire la table*).

L'Espérance.

Allons , allons à la danse , et faites tous chorus.

———

VAUDEVILLE.

L'Espérance.

Air : *Du vieux Chasseur.*

De tous côtés que la gaîté brille !....
Chantons, dansons , répétons tour à tour :
Vive à jamais l'auguste famille ,
A qui nous d'vons l'honneur d'un si beau jour !

Chœur.

De tous côtés , etc.

M. Sinistre.

Non , il n'est pas très-facile , je pense ,
Malgré l'avis de deux ou trois bavards,
De conserver un peu de *répugnance* ,
Quand on a vu Bordeaux au douze Mars.

Chœur.

De tous côtés , etc.

Adollbe.

Ah ! si jamais quelque danger extrême
Nous appelait un jour sous les drapeaux,
Les Bordelais comptent sur d'Angoulême ,
Comme lui-même il compte sur Bordeaux.

Chœur.

De tous côtés , etc.

Madame SIMON.

J' suis Bordelaise et j'm'en glorifie,
Oui je prétends qu'c'est un titr'des plus beaux ;
Car désormais le doux nom de MARIE
Se trouve joint à celui de Bordeaux.

Chœur.

De tous côtés, etc.

L'ESPÉRANCE.

Chaque soldat va chercher, je l'espère ,
Le ch'min d'l'honneur au milieu des combats :
Pour le trouver , moi j'sais bien comment faire :
D'not'commandant je n'm'éloignerai pas.

Chœur.

De tous côtés , etc.

PIERRE.

Depuis long-temps j'n'ai mis dans mon parterre
Que d'l'immortell', des lys et d'l'olivier ;
Mais notre Princ'va partir pour la guerre ,
C'est le moment de planter du laurier.

Chœur.

De tous côtés , etc.

LUCIE (au public).

Messieurs , l'auteur a besoin d'indulgence ,
Permettez-lui d'espérer un succès.
Les Bordelais n'auront point d'répugnance
Pour accueillir des sentimens français.
  De tous côtés que la gaîté brille ,
Applaudissez , répetez tour à tour :
  Vive à jamais l'auguste Famille
A qui nous d'vons l'honneur d'un si beau jour!

Chœur.

De tous côtés que la gaîté brille ,
Applaudissez , etc.

COUPLETS

Ajoutés lorsque la pièce a été représentée devant S. A. R. Madame, Duchesse d'Angouléme.

(Page 8).

Lucie.

Mais, mon père, il s'est montré au champ d'honneur, et toujours le premier en avant.

M. Sinistre.

Qu'est-ce à dire, en avant! Tu crois peut-être que c'est bien honorable! c'est en reculant qu'il faut marcher.

Air : *Comme il m'aimait.*

En reculant ,   (bis).
Un bon soldat, tu peux m'en croire ,
S'illustrera bien autrement ,
Qu'en marchant toujours en avant.
Ainsi, tel sergent , c'est notoire ,
Vient de s'élancer à la gloire ,
En reculant !   (4 fois).

(Page 22).

L'Espérance.

Pourquoi donc tous ces préparatifs ?

ADOLPHE.

Mon brave, c'est une fête générale dans le département.

AIR : *De la Sentinelle.*

Elle revient la Fille de Louis,
De toutes parts déjà la gaîté brille.
De son amour Bordeaux reçoit le prix,
Elle revient au sein de sa famille.
Alors qu'armé pour conquérir la paix,
Notre héros va sauver l'Ibérie,
Dans ce séjour vraiment français,
Sous la garde des Bordelais,
Il a voulu placer MARIE.

(Page 49).

ADOLPHE.

AIR : *Du premier pas.*

Reste avec nous,
Idole de la France :
De te garder, nous sommes tous jaloux ;
Vois les transports qu'excite ta présence,
Ah ! pour trouver amour, respect, constance,
Reste avec nous !

LUCIE.

Reste avec nous,
O Princesse chérie,
Les Bordelais seront à tes genoux
Heureux, enfin, de posséder MARIE,
En ce beau jour, Bordeaux entier s'écrie :
Reste avec nous !

FIN.

www.ingramcontent.com/pod-product-compliance
Lightning Source LLC
LaVergne TN
LVHW022156080426
835511LV00008B/1426